はじめに

「おひとりさま」という言葉は、飲食店などで席をきめるときによく使われている。これを高齢で独り住居をしている方たちを示すものとして使われたのは、上野千鶴子氏が最初であろう。こうした年齢層にぴったりの言葉であると考え借用させていただいた。ただし、本稿でとりあげる「おひとりさま」は、七五歳以上の後期高齢期にある独居女性に限定する。

たしか、法律学を学んできたはずなのに、詐欺師の魔術にひっかかり、見事、詐欺グループからのアプローチに三度にわたって応じてしまった。このプロセスを開示することで、私に近い年齢層の「おひとりさま」に、リスクを避けていただき、被害に遭わないように警告したいと思い本書を執筆した。

私は社会福祉法制を専攻し、その中でも司法福祉の研究に力を入れてきた。これは民事法と刑事法、そして社会福祉がからむ分野である。また四つの大学に勤務した通算三四年間に実習も担当してきたので、刑務所・少年刑務所・少年院・教護院・鑑別所等とは馴染みが深い。そこで行われる刑務作業、職業訓練、食事、医療、学習、入浴等についても理解してきたはずである。

しかしそれは外部者としての立場からであり、原理・原則の中での犯罪に対する理解であった。

まさか自分が犯罪の被害に遭いかけ、生身の犯罪者と向きあうことがあるなど想像もしていなかった。それが今回犯罪者グループから直接アプローチされ、びっくりしている。自分がいかに迂闊《うかつ》であり、騙《だま》されやすい人間であるかを思い知った。

これは必ずしも「おひとりさま」のせいではないのかも知れない。私の人を信じやすく、人のいいなりになりやすい性格のせいかもしれない。人によってはいくつになっても、しっかりした判断力を持ち、きちんと物事に対応していける方もあるであろう。

しかし人間は平均して年を重ねるにつれて体力、気力、判断力を失っていく。このことは、今まで思いもよらなかった事件が身辺で起こってくるということである。

詐欺グループは、最初に丁寧な話し方をする女性の声で電話をしてくることが多い。今回紹介する三件中二件はそうであった。内容は、こちらが思わず引込まれそうになるようなことばかりである。「おひとりさま」の淋しさに絶妙にとり入ってくる。

また詐欺師は各専門分野に別れて活動している。自己紹介としては、公共機関の職員または警察・検察の関係者を名乗る（二件）。その権威とやさしさに世の「おひとりさま」が惑わされないようにと願っている。

目次

第一章　「おひとりさま」の立場

最近「人生百年時代」という言葉が祝福すべきことでもあるかのように言われているが、果たしてそうであろうか。

医学の進歩とバランスのとれた食事、公衆衛生の水準の向上は、人間を長く生かしてくれるようになった。ただ寿命には男女間格差があり百歳まで生きる者の多くは女性である。「老《おい》」と「死」は誰にも平等にやってくるが、女性は長期にわたって厳しい「老」を経験してからやっと死ぬ。

表1　平均寿命

男	81.09歳
女	87.14歳

厚生労働省『簡易生命表（令和５年）』

シングルを通した女性だけではなく、結婚した女性も離別・死別を問わず、高齢になってからかなりの期間独居生活を送ることになる。つまり「人生百年時代」は、女性の「おひとりさま」の期間が長いということである。

女性がこの長い老後に経済的に自立して生活していくためには、相応の年金と相当額の退職金が生活の基本として必要である。

専門的な教育を受け、その専門を生かせる職場に就職し、その分野で訓練され、高い技術を持っていても、女性には結婚・出産という山や谷がある。「この仕事が好きだから一生働き続けたい」と言う女性に、男性は結婚の際には理解を示し協力を約束するであろう。

しかしそれは援助者としての立場であり、家事・子育ては女性が責任者であると考えている。育児休職を申請する男性の数は未だに少ない。男性が家事・育児について、自分も家庭運営労働の分担者であると考えていることは少ない。そのため結婚後女性は、自己のキャリアアップのための努力を控えはじめる。

さらに子どもが産まれれば、たとえ保育所に子どもを預けることができても、「A子ちゃんのお熱が出ましたよ」という電話で早退する。これが度重なると休職、ついには退職せざるを得なくなってしまう。

その後、相当年数家庭を守り、子どもの手が離れたので再就職しようとしても、以前の職場に準ずるような仕事につくことは難しい。仮に就職できたとしても、職場を離れていた期間に応じて年金は減額され、退職金もその期間分少ない。

表２　生涯賃金

	高卒	大卒
男	260.2	320.2
女	189.1	253.7

（単位：百万円）

独立行政法人　労働政策研究・研修機構『ユースフル労働統計（2023）』

男女の生涯賃金（引退まで、退職金を含む。）
学校卒業後ただちに就職、六〇歳で退職するまでフルタイムの正社員を続け、退職金を得て、その後は平均退職年齢までフルタイムの非正社員を続ける場合。

これに加えて男女間の賃金格差があり、女性が得る生涯年収は少ない。

表３　年金受給額

男	163,875円
女	104,878円

厚生労働省『厚生年金保険（令和４年）』

従って、子育て後、職場に復帰できた女性でも、人生百年時代に自分の「おひとりさま」生活を支える資金を持つことは難しい。

また高齢の女性が自己名義の住居を持っていることは少ない。夫の死後、相続分割による他の相続人への持分に応じた金銭支払いのため、夫と二人で生活していた夫名義の家を売らねばならない場合がある。

その時、後期高齢者となっている女性が新たに住居を借りようとしても、住居のオーナーは家賃の滞納や、入居者が部屋の中で孤独死することを恐れて貸ししぶる。孤独死はその不動産が事故物件となり価値が下がり、売りにくく、貸しにくくなるからである。

「おひとりさま」が最低限度の生活ができなくなったときのため、生活保護制度という救いの手が存在する。ただこの制度による住宅扶助や生活扶助を受けるには、申請主義の原則という壁がある（生活保護法七条）。つまり、保護を必要とする者が関係取扱い機関に申出ない限り保護は受けられない。

多くの「おひとりさま」はこの制度があることを知らない。従って申請の窓口にたどりつけないのである。申請手続は、福祉事務所または市役所の高齢福祉課に行けば教えてもらえる。

また申請にたどりついても、親族扶養優先の原則という砦《とりで》がある（生活保護法四条二項）。つまり公的支援を求める前に家族内で養えということである。

加えて、生活保護法にいう扶養義務には、生活保持の義務と生活扶助の義務がある。生活保持の義務は、自分の生活レベルを切下げてでも申請者に自分と同一水準の生活をさせる義務であり、配偶者と未成年の子どもに対してだけ負う義務である。生活扶助の義務は、自分の社会的地位に応じた生活をした上で、余裕があれば扶養すればよいという義務である。親に対するこの扶養義務は、この生活扶助の義務である。明治七年制定の「恤救規則」から受けついだ「親族扶養優先の原則」は、今なお生きている。ただし急迫した事情があると認められれば保護を受給できるが（同条三項）、実態としては難しい。

夫と死別もしくは離別した女性が七五歳以上の後期高齢期に入ろうとする頃、たとえ子どもがいてもその子どもたちは、自分の子どもの学費や家のローン等に追われている。また仕事のために遠隔地はおろか海外勤務についている場合もある。

従って子どもがいても金銭面でも身辺介護でも当てにはできない。そのため「おひとりさま」は放置される。

また加齢と共に視力・聴力・脚力がおとろえる。また脳が徐々に萎縮していくため記憶力・判断力が弱っていき、間違いが多くなる。さらに免疫力が低下し病気になりやすくなる。つまり詐欺師がつけ入りやすい状態となってくる。

仮に二〇歳台に出産を終えていた場合、「おひとりさま」が身辺介護を必要とする八〇歳台に入った頃、子どもは仕事の定年を前にしている。「おひとりさま」が八〇歳台を過ぎ、九〇歳台まで生き、さらに「人生百年」をむかえた頃、子どもたちも高齢期に入り、自ら介護が必要になっていたりする。それ故、「おひとりさま」は自己の身辺介護を介護保険制度に頼るしかない。

この制度を検討しはじめた一九九四年「厚生省高齢者介護自立シス

テム研究会」が「新たな高齢者介護の構築を目指して」という報告書をまとめた。翌一九九五年七月「社会保障制度審議会」が「介護保険制度の導入」を提案した。この中で施政者は「家族的介護から社会的介護へ」を標榜して介護保険費を新たな実質的税として徴収することを国民に納得させたはずである。しかし実施要項で介護保険による介護サービスの適用範囲を徐々に縮小していっている。

「措置から契約へ」という文言で介護保険サービス提供者と制度の利用者は対等な立場にあると主張しながら、「できる限り御家族で」というのが現実である。この制度の創設が検討されはじめた頃日本は、高齢化社会（人口の七％以上が六五歳以上）から高齢社会（人口の一四％以上が六五歳以上）に入って行こうとしていた。この頃に、この草案を起草した当時働き盛りであった施政者たちは、自分にも「老《おい》」が迫って来る日があり、その頃「できる限り御家族で」を受け入れるような家族がまだ残っていると信じていたのであろうか。家族の絆が、こんなにも薄弱になっていくことを見据えていたのであろうか。

加えて「おひとりさま」は、市町村が自分の年金から天引する介護保険料の意味を何も考えずに長年に渡って支払ってきた人が少なくない。また自分にサービスが必要になった時、サービス受給の手続を知らない場合が多い。介護サービス受給の申立には市役所の高齢者福祉課に行くのが良い。自分でそこまで行けない場合、高齢者福祉課に電話をすれば担当者が自宅まで来てくれたり、高齢者の家まで出向いてくれる団体を紹介してもらえる。

長年の友人・知人は、つぎつぎと他界し、気軽に電話をしたり、会ったりする相手が徐々に少なくなっていく。その心の「スキマ」に犯罪者グループが巧みにアプローチしてくる。

身体が不自由で外に出歩くことが少なく、判断力がにぶってきている「おひとりさま」は、恰好《かっこう》の餌食《えじき》として詐欺グループが、あいそよく近づいてくる。そしてなけなしの老後資金をまきあげて行く。

以下、自分自身に起こった事件をありのままに開示し、「おひとりさま」への警告としたい。

第二章　詐欺グループとの出会い

（1） 電気針灸器「押売り事件」

七八歳で退職後、在職中に買った山風と川風の交錯する涼しい家で夏の二ケ月を過ごすことにしていた。毎週火曜日には地野菜の訪問販売、その日にとれた卵しか売らない卵の自販機、新米をその場でひいて一キロずつ売ってくれる温泉、お寿司や天ぷらうどんの出前、掃除やごみ処理・草ひきを有料で気軽にお願いできる人材等があり、優雅な避暑生活は大変快適であった。

そこに上品な女性の声で電話がかかってきた。

「もしもし、実は今日、電気針灸器の見本を地域の皆様に見るだけ見ていただくために、この辺を廻って試供品のおためしをおすすめしております。ほんの一〇分ほどお時間をいただければ有難いです」「家の中まで上がりこみませんし、お玄関で、このような品物が開発されたことを目で見て知っていただきたいのです」「午後から機械を持った者が御近所を廻りますのでよろしくお願い致します」と。

しばらくして、いかつい三〇歳前後の男性が機械をさげてやってきた。玄関に入り、ドアを閉め、いきなり「これを二〇万円で買え」と言う。びっくりして「見せていただくだけじゃないのですか」という。相手は「『見せていただく』とは『買う意思があります』ということなんだ」「玄関まで入ることは、さっき電話で承諾したはずだ」「早く二〇万円出せ。出すまで出て行かないぞ」と言って、にらみつけられる。さっきの電話にひっかけられた自分の間抜けさを呪いながら呆然と立ちつくしていた。

相手は若くて強そうで、こわい目で私を睨《にら》んでいる。どう対応してよいものかわからず何も言えないままボーっとしていた。

玄関のドアは閉められており、電話は奥にあって遠い。その時、次女が差入れの食料品や日用品をいろいろと車につんで、のん気な顔でやってきた。ドアがあけられ、道から中が見えるようになり、話声が外に聞こえるようになった。私は奥に逃げて行き机の下でまるまった。

男と娘のにらみあいの時間がしばらく続き、男は「お前は誰だ」といった。娘は「私はこの人の保護者です」といった。男は「保護者ならこいつに二〇万円を早く出せと言え」と言った。娘は「その機械はいりません。年金生活をしている母が、手元にそんな大金を置いているはずがないではないですか」とどなり返した。

男は娘のどなり声の大きさに驚き、ややたじろぎ、廻りを見廻していた。すかさず娘は「この機械を持ってすぐに出ていって下さい」といって、携帯電話をとり出し「警察に電話します」と大声でいい、番号を廻しはじめた。男はびっくりし、ヨロヨロと出ていった。

後で聞くと「あの家には八〇歳くらいのバアさんが、一人で夏の間住んでいる」と聞いてねらうことにした。「普通、年寄は万一の場合にそなえて現金をソコソコ持っているはずだがな。しくじった」ということであった。

こういう「ねらいリスク」に対処するには、手元に現金を置かないことが必要であろうが、「ねらいがはずれた」腹いせに、物をこわしたり、なぐったり、場合によっては殺されることがあるかもしれない。そうした危険をさけるためには、常時二〇万円位の現金を用意しておく方が一人暮らしにはよいのかもしれない。

九四歳で亡くなった私の母は、寝たきりになった後、手元の引出しに三〇万円の現金を封筒に入れて置いていた。これを「泥棒さんのお持ち帰り用」といっていた。当時は「何のために」と思っていたが、確かに私の不在時に誰かに侵入されたら、これを渡して円満にお引き取り願うというのも安全に暮らすために必要であったのかもしれない。つまり侵入者がお金を探すために家を荒らしたり、暴力をふるったりさせないための対策といえるであろうか。

(2) 大型電気店「詐欺未遂事件」

独り暮らしをしていた八四歳のとき、何度も買い物をしている大型電気店から電話がかかってきた。

「こちらK電気でございます。毎度有難うございます。只今、年配の御婦人が貴方様のお名前のカードで4Kテレビとカメラをお買い上げになり、お持ち帰りになりました」と。

私はひどくびっくりして「何を言ってるんですか。4Kテレビは先日お宅で買い、家に取りつけていただいたばっかりじゃないですか」。

相手「そうでございました。私もたしかにおかしいと思いました。

それでお電話を差し上げたのです。では貴方様がカード被害を受けそうになられたということですね。こちらの手落ちでございますから、当方で警察に連絡をとり、カードを差し止めます。被害防止のため担当刑事がお電話をしてからお宅にお伺いするように手配いたします」ということであった。

二〜三分ほどで電話があり、「当方F署のA刑事です。危ないところでしたねー。すぐに御連絡があってよかったと思いますよ。きっと偽造カードが使われたのでしょうね。お宅の口座のお金が動かされる前に、貴女様と協力して被害に会わないように頑張ります。すぐにお伺いしますから、いつもカードが引き落とされている預金通帳と銀行のキャッシュカードを用意してお待ち下さい」と言った。

私は「面倒な手続きになりそうなので印鑑も用意したほうがよいのでしょうか」と言った。A刑事は「そんな大切なものはお預かりできません。しかしキャッシュカードは番号さえ伏せておけば預金は安全です」と言った。

私は「通帳やカードはバラバラに置いているので、集めるのにちょっと時間がかかるのではないかと思います。そちらの番号を教えて下さい。用意ができたらすぐにお電話します」。

A刑事は「それでは今からお伺いして御一緒に集めるのをお手伝いいたしましょうか」。私「人と一緒だとかえってややこしいので一人で大丈夫です」。A刑事「では私の直通の電話番号をお教えします。○○○○番です。必ずこの直通番号にかけて下さい。迅速に対応します」。私「わかりました」。ここで全く疑わない私の間抜けさに感心する。私はすぐに通帳を見つけ、財布の中のキャッシュカードをとり出してそろえた。「ずいぶん手際がいいなあ」と自分をほめ乍《なが》らA刑事の電話番号を書いた紙を探したが、あわてていたので何処においたかわからない。お金がとられてしまったらどうしようとあせりながら、ゴミ箱の中まで探したが見つからない。仕方がないので「厄介になるので掛けてはいけませんよ」と注意を受けていたF警察の受付に電話をした。

「F警察署です」「A刑事さんをお願いします」というと相手は「本署にAという刑事はおりません」こちらが「そうですか、では」と言うと「アー、切らないで、切らないでソノママー、ソノママー、刑事課につなぎます」と。三〇秒位で「刑事課です。すぐにB刑事がお伺いしますが、通帳とカードは元あった場所にただちに戻して下さい」と。

三分ほどしてインターホンがなり、のぞいてみると警察手帳をかざした制服の人が立っていた。早速玄関まで行き「B刑事さんですか」とたずね、「Bです」と確認してからドアをあけ「どうぞお入り下さい」と言ってまねき入れ、食卓の向い側に座っていただいた。

B刑事は、最初からのいきさつをていねいに聞取りしメモしていた。そして「A刑事はにせ刑事で、電気店の名をかたって電話をしてきた人物とつながっており、組織犯罪が疑われる」とつぶやいた。

その後で「キャッシュカードを渡していたらお終いだった。たまたま事前に御連絡を受けてよかったと思います。この近辺でもこういう事件が多く、とくに独り暮らしの高齢女性は被害にあってしまってから届けてこられます。私が扱った事件だけでも被害額は千数百万円に及びます」ということであった。「気をつけて下さいね。何かあったら警察の番号を調べるより先にまず一一〇番です」といって帰っていかれた。

その後でA刑事の電話番号を書いた紙が机と壁の間にはさまっているのをみつけた。念のため電話をしてみると「この番号は、お客様の御都合で現在使われておりません」ということであった。自称A刑事はいつまでたってもやってこなかった。

電気針灸器事件では、被害があっても二〇万円までであったであろうが、今回は通帳とキャッシュカードを渡すようにという要求であった。もしこれを渡していたら、カードで預金を全額引出されたに止《とど》まらず、カードローンでかなりの借金を背負わされることになっていたかもしれない。今なら考えつける恐ろしさに全く気付かず、カードと預金通帳を用意して、電話連絡をしようとした自分の愚《おろ》かさに呆れ返る。人との会話が少ない「おひとりさま」は、咄嗟《とっさ》の判断ができず、スルスルと相手の指示に従ってしまう。相手の電話番号を書いた紙が見当たらず、已《や》む無く警察に電話したことは、幸運というしかない。

（3）「カクホー、カクホ事件」

八〇代の後半になった頃、私の「老《おい》」を危ぶみ次女が隣家に引っ越してきてくれた。

私が九二歳になった夏、娘がルクセンブルクに出かけていった。時差があるので毎日決まった時間に私の安否確認のため電話をかけてくれていた。二週間が過ぎた頃、女性の声で電話がかかってきた。

「こちら東京水道局でございます。貴方様がお持ちの板橋のマンションの水道代が三ヶ月間未納になっております。今週中に支払っていただかないと水道を止めます。振込み至急よろしくお願いします」と。

びっくりして「私は関西の自宅に住んでおり、東京の板橋にマンションなど持っておりません。今まで水道代が引落されていたとおっしゃる東京の銀行に口座など持っていません」と言った。相手は「おかしいですね。口座のことをもう一度調べてみます」と言って電話を切った。

一〇分位過ぎて、男の声で電話がかかってきた。「私、東京中央警察署組織犯罪対策課、課長のHです。さきほど水道局から届出がありました事件を担当致します。問題になっています口座は、闇取引が行われる中継点に使われており、その利用者として、暴力団□□□□会会長△△△△と貴方のいずれかが犯人だという証言がありました。そこでお二人を在宅のまま取調べて、どちらを被疑者とするかを決めたいと思います。

これは内密に捜査している事件ですから、決して誰にもしゃべってはなりません。家族にも話さないこと。私の直通番号をお教え致しますから、毎朝十一時と夕方五時に連絡を入れて下さい。お待ちしております。東京中央警察署の番号をどうしても知りたいとおっしゃるならば申上げますが、ここには決して電話をしないで下さい。この件はあくまでも極秘捜査です。別件で、極秘捜査事件の被疑者が、事件の相談を知人にしたことが見つかり、暴力団員からなぐられ、三〇万円をとられています。被害者はSさんという方です」と。

翌日またH課長から電話があり「貴方様名義の口座の件について、M銀行の板橋支店長と担当者のKが明日お宅にお伺いします。支店長は中年で小太りの男性で、Kは二〇代のスマートなイケメンです。私共、警察の紹介ですから安心してお通し下さい」と。しかし翌日、一日中待っていても誰も来なかった。

二日して男の声で電話があった。「こちら東京地検検事正Mです。只今、東京地裁の書記官から電話がありました。貴方の預金口座を保全するために封鎖せざるを得ないと言っています。私は、それでは貴方がお困りだと思い、□□□□会会長よりも貴方の方を優先調査とし、早く口座が使えるようにして差上げたいと思いました。そこで貴方は無実であり犯罪による収益は得ていない。今後も捜査に協力すると言っていると言って、貴方の優先調査を主張しました。つきましては御当地H市にある貴方名義のM銀行の預金通帳の番号と預金残高を言って下さい」と。

私は「急に通帳の番号と残高をいえと言われても手元に通帳がないのでわからない」と。M検事正は「早くこれを言わないと暴力団会長△△△△の共犯者とみなし、薬物売買・マネーロンダリングで起訴します。財務省も動き出しました」。

私「警察や検察の取調べも受けていないのに裁判所の書記官や財務省がかかわることができるのですか」M検事正「それは事件が大規模で重大であり、ぐずぐずしていると貴方の身に危険がせまるからです。こちらのタイムパスワードとして二一×T—九八七七#《シャープ》をお伝えしておきます。」当日はこれで終了。

その翌日（一日後）、M検事正から電話「郵便貯金はしていませんか。

おり言うと「それでは困る」と言われたのを聞いて、M署のお二人はマジックで「解りました、なるべく急いで一〇分位で仕上げます」と言ってくださいと書かれた。M検事正は「ネットバンキングの被疑者になっていることを忘れるな」といって電話を切った。荒い言葉づかいに変わっていた。

警察関係者三人は横の机に移り、通帳の代わりに帯封の百万円の札束とキャッシュカードに似せたボール紙の札三枚を封筒に入れ「郵便受けにこれを入れ、封筒の先を三センチ位出して帰ってきて下さい」と言われた。「帯封の百万円は警察が用意したものなので心配せずに。通帳の有無は確認しないでしょうから郵便受けのところまでこれを入れに行ってきて下さい。すぐに家の中に戻りドアをきっちりしめてカ私が何も言わないので急に帰国したそうだ。あのままでは大変なことになっていたに違いない。帰ってきてもらって本当によかったと思う。

後日、家のリフォームの相談に来て下さった方に、娘は私の詐欺事件のことを「本当にうちの母は困った人だ」とぐちった。すると相手は「実はマンションで一人暮らしを楽しんでいたうちのオフクロは、先物取引で三千万円だましとられていましたが、生存中は子どもたちにそのことを一言も言わず伏せていました。葬式が終わり相続手続に入った時に事実を知り一同唖然としました」と。

この話を含め、自分の事件について知人に話した。相手は「うちの母も、それほど大金ではないが、やられた。」「盗まれた後で警察に届けてもお金は返ってこない。事情聴取でしんどい思いをするだけだか